My First Turkish
Things Around Me at Home

Picture Book with English Translations

Published By: AuthorUnlock.com

lavabo

Basin

yatak

Bed

battaniye

Blanket

kase

Bowl

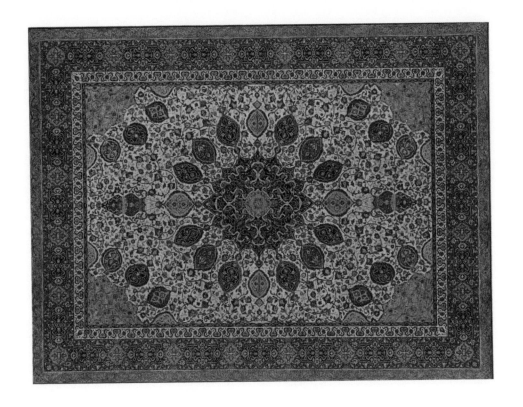

halı

Carpet

kesme tahtası

Chopping Board

perdeler

Curtains

çatal

Fork

çöp kutusu

Garbage Bin

bardak

Glass

ütü

Iron

sürahi

Jug

su ısıtıcı

Kettle

bıçak

Knife

kilit

Lock

ayna

Mirror

kupa

Mug

fırın

Oven

yastık

Pillow

tabak

Plate

çatı

Roof

şampuan

Shampoo

çarşaf

Sheet

raf

Shelf

duş

Shower

sabun

Soap

kanepe

Sofa

kaşık

Spoon

musluk

Tap

tuvalet

Toilet

havlu

Towel

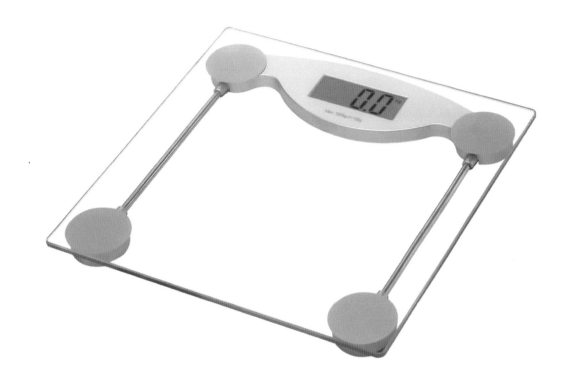

tartı

Weighing Scale